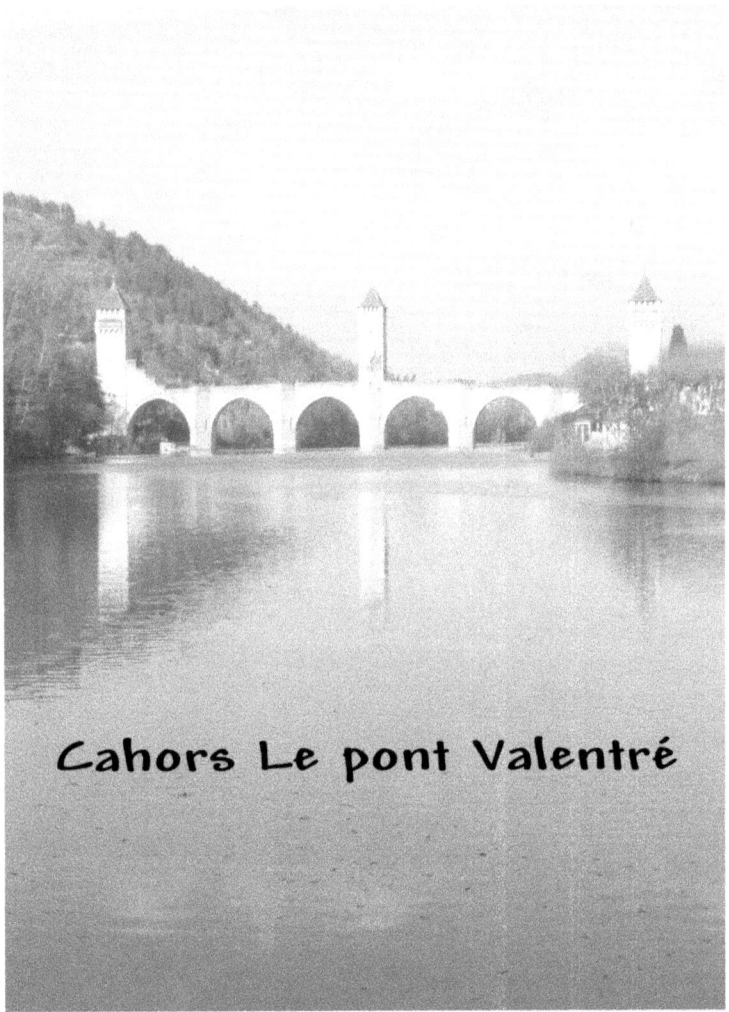

Cahors Le pont Valentré

68 chansons d'Amour

Textes de chansons

Du même auteur*

Certaines œuvres sont connues sous différents titres.

Romans

La Faute à Souchon : (Le roman du show-biz et de la sagesse)
Quand les familles sans toit sont entrées dans les maisons fermées
Liberté j'ignorais tant de Toi (Libertés d'avant l'an 2000)
Viré, viré, viré, même viré du Rmi !
Ils ne sont pas intervenus (Peut-être un roman autobiographique)

Théâtre

Neuf femmes et la star
Les secrets de maître Pierre, notaire de campagne
Ça magouille aux assurances
Chanteur, écrivain : même cirque
Deux sœurs et un contrôle fiscal
Amour, sud et chansons
Pourquoi est-il venu :
Aventures d'écrivains régionaux
Avant les élections présidentielles
Scènes de campagne, scènes du Quercy
Blaise Pascal serait webmaster
Trois femmes et un Amour
J'avais 25 ans
« Révélations » sur « les apparitions d'Astaffort » Jacques Brel Francis Cabrel

Théâtre pour troupes d'enfants

La fille aux 200 doudous
Les filles en profitent
Révélations sur la disparition du père Noël
Le lion l'autruche et le renard,
Mertilou prépare l'été
Nous n'irons plus au restaurant

* extrait du catalogue, voir page 112

4

Stéphane Ternoise

68 chansons d'Amour

Textes de chansons

Ebook

Edition revue en novembre 2013 lors de sortie en papier.
Livre papier : http://www.livrepapier.com
Livre pixels : http://www.livrepixels.com

Collection Rimes

Jean-Luc PETIT Editeur / livrepapier.com

Stéphane Ternoise versant chansons :

http://www.**chansons**.org

Tout simplement et logiquement !

68 chansons d'Amour

Que vous soyez amoureuse, amoureux, largué(e), cœur trahi, fleur bleue, sérénamoureuse ou même consommateur, des tournures pourraient s'immiscer dans votre tête, jusqu'aux lèvres…

Quelques-uns de ces textes sont chantés, parfois même gravés sur CD. Mais avec une audience forcément limitée, dans un pays où triomphe la variété avariée: une chanson d'Amour n'est pourtant pas condamnée à imiter la bouillie gnangnan genre ------- ----. Mais non l'auteur n'a pas donné d'exemple ! Vous les connaissez !
Ces *paroles* s'insèrent dans l'œuvre (romans, théâtre, essais) exigeante de Stéphane Ternoise : elles ont un sens. Certes, il ne s'agit pas en 68 approches (vous en attendiez plus ? Mais l'écrivain est né en 68… oui, 1968) d'exposer une théorie de l'Amour (l'auteur a publié un essai où il révèle la possibilité de la sérénamour) mais d'atteindre au réel…

Stéphane Ternoise écrit sur de nombreux thèmes, de la chanson engagée aux parodies en passant par les petites histoires quotidiennes. Il a néanmoins considéré nécessaire de dédier un site à ses chansons d'Amour : http://www.chansonsdamour.fr

Qu'une fois

On parle de l'Amour
Qui ne serait plus
Qu'une vulgaire chasse à courre
Un jeu pratiqué nu
On joue à l'amour

On dit grand amour
Quand on a trop bu
Ou qu'on reste plus d'huit jours
En étant convaincu
Que c'est pour toujours

Mais les rues sont pleines
De gens qui comme moi
N'ont dit qu'une fois
"Tu sais, je t'aime"
  Qu'une fois ou j'ai oublié...
  Qu'une fois
  Je te jure... aussi intensément
  Aussi spontanément

On paye pour l'amour
Comme on paye partout
Faut attendre son tour
Y'a d'quoi être jaloux
Des plus grands vautours

C'est qu'un mot "Amour "
Qui a survécu
Parfois de bon secours
Quand on est à l'affût
Pour gagner l'concours

Mais les rues sont pleines
De gens qui comme moi
N'ont dit qu'une fois
"Tu sais, je t'aime"
     Qu'une fois ou j'ai oublié...
     Qu'une fois
     Je te jure... aussi intensément
     Aussi spontanément

L'image d'une femme idéale

Tu te dis qu'elle a trop de défauts
Qu'elle n'est pas assez ceci
Qu'elle est trop cela
La fille qui est dans tes bras

Quand parfois tu fais chambre commune
Qu'elle tire des plans sur la lune
Tu fais rêves à part
T'es déjà sur le départ

L'image d'une femme idéale
À l'homme fait bien du mal
Fait souvent passer à côté
De dizaines d'années

Des romans t'en as pas lus tellement
Mais c'était suffisant
Et tu t'y réfères
Comme au plus sacré bréviaire

Séparés par tous les destins
De celle qui est ta vraie moitié
Tu es sûr qu'un soir débutera
Ta grande histoire

L'image d'une femme idéale
À l'homme fait bien du mal
Fait souvent passer à côté
De dizaines d'années

T'es fier de balancer je ne suis pas un vieux
Je peux trouver nettement mieux

Mais tu ne vois pas qu'elle fait tout pour te séduire et te plaire
Mais tu ne vois pas qu'elle fait tout ce qu'une femme peut faire

L'image d'une femme idéale
À l'homme fait bien du mal
Fait souvent passer à côté
De dizaines d'années

En secret

C'est comme un aimant
Un grand bouleversement
L'histoire à la maison
Tient pas la comparaison
Une quête d'idéal
Des gorgées vitales
De tous les sentiments
C'est le grand embrasement

Il va falloir se cacher
Avec les horaires tricher
À ne se voir qu'en secret
On se crée des instants sacrés) bis

On trouve des complices
Pour que le rite s'accomplisse
Tant pis pour les cornes
Des déjà vieux si mornes
Du jamais vécu
Plus vivant qu'un roman
Un goût de fruit défendu
On le sait finalement

Il va falloir se cacher
Avec les horaires tricher
À ne se voir qu'en secret
On se crée des instants sacrés) bis

Mirage de notre âge
Bien mieux qu'un naufrage
De tous les sentiments
C'est le grand embrasement

Une quête d'idéal
Des gorgées vitales
Ceux qui parlent de chimère
Qu'ils nous jettent leur dernière bière

Il va falloir se cacher
Avec les horaires tricher
À ne se voir qu'en secret
On se crée des instants sacrés) bis

Musique et interprétation de Guy Sagnier dans l'album *Savoirs*.

Vivre ensemble

Terminées
Ces rencontres
Clandestines
Les rustines
Collées sur un foyer
où l'on s'obstine
Pour elles les gamines
À s'ennuyer

C'est enfin possible
De vivre ensemble
Enfin tout partager
Enfin nous l'arranger
La vie paisible

Être amant
C'est bon un temps
Quand il faut
La finir
L'histoire du souvenir
Mauvais scénario
D'avoir épousé
Ce qui passait

C'est enfin possible
De vivre ensemble
Enfin tout partager
Enfin nous l'arranger
La vie paisible

Être amant
C'est bon pourtant
Palpitants
Ces instants
On joue avec le feu
Pour un peu d'plaisir
On va en rire
Sûrement longtemps

C'est enfin possible
De vivre ensemble
Enfin tout partager
Enfin nous l'arranger
La vie paisible

Maintenant qu'elle est ailleurs

Tu lui reprochais
De toujours être dans son nuage
De ne pas aimer les voyages
D'imposer le silence
Et sa science

On voit souvent un épouvantail
Où il n'y a qu'une paille
Il faut qu'elle s'en aille
Pour que cette vérité nous assaille

Tu lui reprochais
De ne jamais s'intéresser
Aux factures que tu classais
D'rire au nez des huissiers
Qui passaient

On voit souvent un épouvantail
Où il n'y a qu'une paille
Il faut qu'elle s'en aille
Pour que cette vérité nous assaille

Tu lui reprochais
Quand la vaisselle s'accumulait
De lire dans le canapé
De citer du Platon
Ou Breton

On voit souvent un épouvantail
Où il n'y a qu'une paille
Il faut qu'elle s'en aille
Pour que cette vérité nous assaille

17

Tu lui reprochais
D'écrire ses petites chansons
D'les envoyer à Souchon
Sheller Marie-Paule Belle
Et Cabrel

On voit souvent un épouvantail
Où il n'y a qu'une paille
Il faut qu'elle s'en aille
Pour que cette vérité nous assaille

Aimez-vous sans préservatif

Aimez-vous sans préservatif
Mais uniquement
Après une prise de sang
Attendez le résultat, en vous regardant
En vous caressant

Sans préservatif
L'Amour est impératif
Si c'est pour le sport
Si c'est pour les corps
Alors du latex encore et encore

Quelques jours en apéritif
On a tout le temps
Quand on s'aime vraiment
Parlez-en sereinement, en vous découvrant
En vous appréciant

Sans préservatif
L'Amour est impératif
Si c'est pour le sport
Si c'est pour les corps
Alors du latex encore et encore

Aimez-vous sans préservatif
C'est plus enivrant
De se donner vraiment
On se montre patte blanche, séronégatif
C'est impératif

Sans préservatif
L'Amour est impératif
Si c'est pour le sport
Si c'est pour les corps
Alors du latex encore et encore

Histoires d'hypers

La première fois
Discrètement
On se regarde
La deuxième fois
Tout naturell'ment
Comme par mégarde
On se fait un p'tit bonjour
Tout en pensant
En pensant tell'ment fort
Au point qu'ça s'voit
Viv'ment la troisième fois
Pourvu qu'y'ait une prochaine fois
Et alors là
Et alors là...

Les hypers les supers
Parfois ça sert
Croyez pas qu'ce soit pour le foie gras
Si certains jours j'y vais trois fois

La troisième fois
Du bout d'l'allée
On s'aperçoit
Crampes d'estomac
Boum dans les idées
Restez calmes mes doigts
Sûr'ment qu'j'y ai trop pensé
En avançant
De plus en plus lent'ment
Au point qu'ça s'voit
La phrase drôle préparée
Pas d'bol elle s'est évaporée
Bientôt faudra
Bientôt faudra...

Les hypers les supers
Parfois ça sert
Croyez pas qu'ce soit pour le foie gras
Si certains jours j'y vais trois fois

La troisième fois
Faut se lancer
On s'dit bonjour
La troisième fois
J'dis sans bégayer
« eh comment ça va ? »
c'est c'que j'ai trouvé de mieux
tout en pensant
J'l'invite au restaurant
ou bien j'attends
le rayon chocolat
Facile de s'croiser deux fois
Et alors là
Et alors là...

Les hypers les supers
Parfois ça sert
Croyez pas qu'ce soit pour le foie gras
Si certains jours j'y vais trois fois

La troisième fois
D'vant l'chocolat
J'respire bien fort
La troisième fois
J'lui dis « donc faut croire »
« que le dieu hasard »
« veut pas qu'on se quitte ce soir »
Tout en pensant
ça se joue maintenant

21

Si elle sourit
on fusionne les caddies
J'vous dis que ça
j'vous dis que ça…

Les hypers les supers
Parfois ça sert
Croyez pas qu'ce soit pour le foie gras
Si certains jours j'y vais trois fois

Je l'ai connue 20 ans plus tard

Je l'ai connue
20 ans plus tard
Elle a voulu
Sortir de son cafard
Elle n'a même pas pu
Me dire *je t'Aime*
Elle est restée
Dans ses problèmes

Elle avait 7 ans
Elle a cru qu'c'était un jeu
Comme il voulait elle a fermé les yeux
Il lui a dit je t'aime
Il l'a déshabillée
Elle a eu mal
Mais elle n'a pas crié

Elle n'a rien dit
Elle avait peur
Elle a grandi
En refermant son cœur
Elle dit qu'dans sa vie
Toujours il neige
Elle est tombée
Dans des pièges

Elle avait 7 ans
Elle a cru qu'c'était un jeu
Comme il voulait elle a fermé les yeux
Il lui a dit je t'aime
Il l'a déshabillée
Elle a eu mal
Mais elle n'a pas crié

Je l'ai connue
20 ans plus tard
Elle n'a pas pu
Jouir sans cauchemar
Et je n'ai pas su
Guérir ses scènes
Elle m'a jeté
Pourtant elle m'Aime

Elle avait 7 ans
Elle a cru qu'c'était un jeu
Comme il voulait elle a fermé les yeux
Il lui a dit je t'aime
Il l'a déshabillée
Elle a eu mal
Mais elle n'a pas crié

Elle a choisi la trahison

Elle a choisi la trahison
Elle s'est trouvé une bonne raison
On trouve toujours une bonne raison
Quand on veut justifier sa trahison

Elle l'appelait « mon âme sœur »
Se prétendait « femme de cœur »
Belle rebelle spirituelle
Osmose intellectuelle
Elle ressentait sa présence
Dans le cœur dans le bas du ventre
Elle pleure même pas son absence

Elle s'est trouvé une ambition
Elle sera une bizness woman
Entourée de faux supermans
Les yeux fermés c'est bon la distraction

Elle l'appelait « mon âme sœur »
Se prétendait « femme de cœur »
Belle rebelle spirituelle
Osmose intellectuelle
Elle ressentait sa présence
Dans le cœur dans le bas du ventre
Elle pleure même pas son absence

Quand elle connaîtra ma chanson
Elle lâch'ra « encore un vieux con »
Y'a sûr'ment une autre solution
Mais faudrait qu'elle oublie ses vieux démons

Elle l'appelait « mon âme sœur »

Se prétendait « femme de cœur »
Belle rebelle spirituelle
Osmose intellectuelle
Elle ressentait sa présence
Dans le cœur dans le bas du ventre
Elle pleure même pas son absence

Demain la sérénamour

Tu les brises un par un
Tes embrigadements
Tu vois bien plus loin
Tu n'as pas d'amant

Demain il fera jour
Un éternel été
La sérénamour
La sérénité dans l'Amour

Bientôt tu partiras
Ton âme sœur tu l'as vue
Tu sais qu'dans ses bras
Tu s'ras toujours nue

Demain il fera jour
Un éternel été
La sérénamour
La sérénité dans l'Amour

Tu sais déjà qu'en Toi
Un enfant fleurira
Tu sais qu'sous ses doigts
Ton âme vibrera

Demain il fera jour
Un éternel été
La sérénamour
La sérénité dans l'Amour

Demain il fera jour

Trouver quelqu'un

Le samedi soir
On est tous à y croire
Et en semaine
Parfois on se promène

On dit bonjour
On sourit presque toujours
La bonne humeur
Ses effets sur le cœur

Trouver quelqu'un
Quelqu'un de très très bien
Au moins quelqu'un
Pour être bien
On veut tous trouver quelqu'un
Tenir sa main
Du soir au matin

Même dans un bar
On peut voir un vrai regard
Aux terrasses
Y'a pas qu'du strass

Quand vient l'été
C'est des jours sans s'arrêter
Sur la plage
De nouveaux visages

Trouver quelqu'un
Quelqu'un de très très bien
Au moins quelqu'un
Pour être bien
On veut tous trouver quelqu'un
Tenir sa main
Du soir au matin

D'art et d'amour

D'art et d'amour
vivre
j'ai dit un jour
qu'on pouvait vivre ainsi
vivre libre comme dans un livre
qu'on pourrait vivre aussi
cette grande utopie

Pour ma vie
J'ai pris le pari
De l'art et de l'amour
De l'art et de l'amour

L'art et l'Amour
suivre
j'y crois toujours
j'en ai toujours l'envie
suivre le chemin qui enivre
quand c'est comme ça la vie
pas de monotonie

Pour ma vie
J'ai pris le pari
De l'art et de l'amour
De l'art et de l'amour

Une fille qui passait

C'est juste une fille qui passait
Et qui m'a regardé
Mais depuis
Mais depuis
Mes nuits
Sont peuplées d'elle
Sont sans sommeil
Mais depuis
Mais depuis
Mes nuits
Sont peuplées d'elle
Sont sans sommeil

C'est juste une fille qui passait
Est-ce qu'elle m'a regardé
Mais depuis
Mais depuis
Mes nuits
Sont peuplées d'elle
Sont sans sommeil
Mais depuis
Mais depuis
Mes nuits
Sont peuplées d'elle
Sont sans sommeil

Des filles il en est passées
Il s'en est arrêtées
Mais les nuits
Toutes les nuits
Les nuits

Je ne vois qu'elle
Je ne vois qu'elle
Mais depuis
Mais depuis
Mes nuits
Sont peuplées d'elle
Sont sans sommeil

Mac électronique

Des millions d'inscrits
Ils font tout pour que t'en sois aussi
Inscris-toi c'est gratuit
Et les plus belles nanas
Les plus beaux gars
Seront sur ton écran
Comme c'est… tentant
Seront qu'à quelques clics
Comme c'est magique
Mais pour les contacter
Faut sortir ton fric
Faut le payer
Le mac électronique

Mac électronique
Quel beau métier !
Technique bien rodée
Avec la carte bancaire
Plus d'billets à froisser
Aucune main sale à toucher
Le mac électronique
N'en veut qu'au fric
Après c'est plus ses affaires

Mac électronique
Dans les médias n'ont qu'des bonnes critiques
Z'ont la formule tragique
Achètent des pages de pub
Et nous entubent
Faut vivre avec son temps
Comme c'est… charmant
Y'a forcément quelqu'un

Qui te convient
Dans ta ville ou pas loin
Ça mérite bien
Quelques euros
Pour envoyer un mot…

Mac électronique
Quel beau métier !
Technique bien rodée
Avec la carte bancaire
Plus d'billets à froisser
Aucune main sale à toucher
Le mac électronique
N'en veut qu'au fric
Après c'est plus ses affaires

Choisis tes critères
Et comme du bétail en un éclair
Des photos belles tu l'espères
Seront là devant toi
Déjà à toi
Pourquoi pas phantasmer
Copier coller
C'est l'début d'l'aventure
Le disque dur
Pour la réalité
C'est pas toujours sûr
Faudra payer
Le mac électronique

Mac électronique
Quel beau métier !
Technique bien rodée
Avec la carte bancaire

Plus d'billets à froisser
Aucune main sale à toucher
Le mac électronique
N'en veut qu'au fric
Après c'est plus ses affaires

Millions d'connectés
Si demain plus un se laisse plumer
Les macs seront ruinés
Même pour les webs poisons
Anti poison
L'annuaire des pseudos
Tout est… cadeau
Il suffit de s'inscrire
On peut s'écrire
Pas d'pub à la télé
Bon plan à se dire
Ce s'rait pas net
D'payer ces proxénètes

Mac électronique
Quel beau métier !
Technique bien rodée
Avec la carte bancaire
Plus d'billets à froisser
Aucune main sale à toucher
Le mac électronique
N'en veut qu'au fric
Après c'est plus ses affaires

Un junkie de l'Amour

J'suis qu'un junkie de l'Amour
J'vois plus passer les jours
Pas de méthadone
Quand l'Amour t'abandonne
La lumière on l'a vue
T'en est revenue
Ça peut durer cent-vingt-cinq saisons
Une cure de désintoxication

J'suis qu'un junkie de l'Amour
Qui rime encore toujours
Pauvre type en manque
Qui se pique à l'encre
Renifle ton caraco
Carbure au Porto
Comment veux-tu qu'ça aille Lorelei
Depuis qu'tu vois dans mes yeux la paille

J'suis qu'un junkie de l'Amour (ter)

J'ai mes visions mes délires
Je fixe nos souvenirs
Ma Lescaut câline
J'ai l'accès céleste
Toi t'aimes ta p'tite névrose
Tu veux une pause
C'est plus facile d'être l'égérie
Que de gérer vraiment sa vie

J'suis qu'un junkie de l'Amour
J'vois plus passer les jours

Pas de méthadone
Quand l'Amour t'abandonne
La lumière on l'a vue
T'en est revenue
Comment veux-tu qu'ça aille Lorelei
Depuis qu'tu vois dans mes yeux la paille

J'suis qu'un junkie de l'Amour

J'suis qu'un junkie de l'Amour

J'suis qu'un junkie de l'Amour

Si je parle de toi un jour

Y'aura toujours
Des vibrations suspectes
Si je parle de toi un jour
Sache comme je te respecte
Sache au moins
Que du chagrin
Il n'en vient
Que du... toujours un peu plus humain
Toujours un peu plus humain
Un peu plus martien

T'as pas voulu entrer dans cette histoire
Que j'avais rêvé devant mon miroir
T'as pas pu pas voulu y croire
T'as fini par dire "au revoir"

Je peux te chercher des tonnes de raisons
Souvent je m'étonne de ta décision
Je joue parfois d'la dérision
Je vais jusqu'à m' traiter de con

Y'aura toujours
Des vibrations suspectes
Si je parle de toi un jour
Sache comme je te respecte
Sache au moins
Que du chagrin
Il n'en vient
Que du... toujours un peu plus humain
Toujours un peu plus humain
Un peu plus martien

Quand on a fini d'aimer

Quand on a fini d'aimer
Quand on sait que l'amour
Se conjugue au passé
On regarde passer les jours

Quand on a fini d'aimer
On cherche la solution
Pour au moins pas pleurer
Pour éviter les questions

Quand on a fini d'aimer
Non on ne peut maudire
On n'peut que regretter
Et aimer ses souvenirs

Quand on a fini d'aimer
On nous croit misogyne
Ou un peu névrosé
Ou bien pire que Marylin

Quand on a fini d'aimer
On n'est plus de ce monde
On a b'soin de planer
Qu'une ombre nous réponde

Quand on a fini d'aimer
Qu'on soit consommateur
Ou qu'on reste enfermé
On tremble quand passe le facteur

Quand on a fini d'aimer...
quand c'est fini d'aimer...
quand c'est fini d'aimer
parfois y'a plus qu'à chanter

Sept mois

Elle voulait que j'tourne
Sept mois
Ma langue dans sa bouche
Avant que je la touche

Mais moi je voulais
Toujours
Aller au même endroit
D'abord avec les gros doigts

Elle voulait que j'tourne
Sept mois
Ma langue dans sa bouche
Avant que je la touche

Elle me fatiguait
J'disais
C'est qu'tu m'aimes pas
C'est que je suis rien pour toi

Et elle doucement
Parlait
De la saveur du temps
Même d'apprécier chaque instant

Elle voulait que j'tourne
Sept mois
Ma langue dans sa bouche
Avant que je la touche

Alors j'ai aimé
Ailleurs

J'ai pris comme un voleur
Quelques doses de p'tit bonheur

Mais aujourd'hui
Ma vie
C'est cette fille dans mon coeur
Celle qui vivait sans erreur

Elle voulait que j'tourne
Sept mois
Ma langue dans sa bouche
Avant que je la touche

Catherine

J'passe devant sa cuisine
Je lance une phrase sibylline
J'suis charmant avec ma voisine
Surtout quand son concubin est à l'usine

Est-ce qu'elle devine
Catherine ?
Qu'elle est plus qu'une voisine
Qu'elle est mon héroïne
Catherine

Quand j'devine qu'elle bouquine
J'lui rapporte un magazine
On parle du grand Lamartine
J'lui récite du Racine ou dénigre Céline

Est-ce qu'elle devine
Catherine ?
Qu'elle est plus qu'une voisine
Qu'elle est mon héroïne
Catherine

Quand la belle jardine
Parfois je la taquine
Je la voudrais plus coquine
Elle rougit quand j'la trouve plus classe que Marylin

Est-ce qu'elle devine
Catherine ?
Qu'elle est plus qu'une voisine
Qu'elle est mon héroïne
Catherine

C'était de l'Amour

C'était l'ivresse de la tendresse
Les prouesses sous allégresse
La promesse d'une éternité
Sans banalité ni anxiété
Mais nous étions si jeunes

On voulait être et paraître
Le plus beau et la plus belle
Les vedettes des petites fêtes
Pas riches mais un peu intellectuels
Oui nous étions si jeunes

C'était de l'Amour
Même si ça n'a duré
Qu'un an et quelques jours

C'était y'a déjà bien longtemps
Y'a déjà bien des aventures
On avait pas peur du futur
Ça voulait rien dire la fuite du temps
Oui nous étions si jeunes

On voulait le montrer qu'on s'aimait
À ne plus trouver le temps de s'aimanter
On a eu le temps d'aimer ailleurs
On a eu le tort de chercher meilleur
Oui nous étions si jeunes

C'était de l'Amour
Même si ça n'a duré
Qu'un an et quelques jours

On partage tout...

On signe rien, on s'offre des roses
On partage tout et pas grand-chose
Ça dure le temps qu'on s'amuse
Que ça use, que l'un ruse

Eh oui, nous vivons plusieurs vies
Une belle histoire, une grande déprime
Et un jour elle revient l'envie
De chercher à l'amour... des rimes

Notre exigence d'un peu de magie
Ne plaît pas à tout le monde
On sent poindre des nostalgies
Se répandre de mauvaises ondes

C'était l'bon temps, quand les parents
Ou plutôt le chef de famille
Avec un autre chef de sa ville
Figeait le destin des enfants

Mais nous, nous vivons plusieurs vies
Une belle histoire, une grande déprime
Et un jour elle revient l'envie
De chercher à l'amour... des rimes

On signe rien, on s'offre des roses
On partage tout et pas grand-chose
Ça dure le temps qu'on s'amuse
Que ça use, que l'un ruse

Alors plutôt pas insister
Quand Cupidon a déserté
Ça dure le temps qu'on s'amuse
Que ça use, que l'un ruse

Eh oui, nous vivons plusieurs vies
Une belle histoire, une grande déprime
Et un jour elle revient l'envie
De chercher à l'amour... des rimes

Les jours sans amour

Les jours
Sans amour
Au moins
Ne pas perdre son temps
Avec quelqu'un
De si différent
Qu'il déteint
Forcément

Les jours
Sans amour
Ecrire
De bonnes résolutions
Enfin détruire
Les pires illusions
Et franchir
Quelques ponts

Les jours
Sans amour
Vivre
Pour le mieux chaque instant
Avec les livres
Vaguer doucement
Vers les rives
Du bon temps

Sa Mélancolie

Dans sa mélancolie
Je lisais un secret
C'est bien sûr indiscret
De fouiner le passé

Mais sa mélancolie
Ne lui est pas passée
Poussé à se confier
Un soir s'est justifié

Il rêve du rivage
Où il l'a rencontrée
Il rêve son visage
Le dessine d'un trait

Dans sa mélancolie
Je lisais un secret
Poussé à se confier
Un soir s'est justifié

Enlacés cœur à cœur
Ils riaient des heures
Refaisaient l'univers
Deux étés plus d'hivers

Un jour elle l'a viré
Elle lui a préféré
Un barbu même pas beau
Qui se prend pour Rimbaud

Dans sa mélancolie
Je lisais un secret
Il dit *ça va passer*
Dit *ne sois pas blessée*

Comme si encore un jour
Je pouvais accepter
De toujours moins compter
Que ce très grand Amour...

Smile

T'embarque pas trop tôt
Avec une fille comme moi
Ne t'enflamme pas trop haut
Après quelques émois

N'assimile pas smile
À une parole d'évangile

Pour l'Amour faut être sûr
J'ai trop de blessures
C'est pas encore le jour
Où je peux dire toujours

N'assimile pas smile
À une parole d'évangile

Si au fond de ton cœur
Brûle la bougie d'une heure
Tu peux reprendre ta route
Me laisser avec mes gouttes

N'assimile pas smile
À une parole d'évangile

Je ne peux pas t'en parler
Ni te le dissimuler
Je peux simplement sourire
Sans promettre d'avenir

N'assimile pas smile
À une parole d'évangile

L'Amour

Ça rime à quoi l'Amour
Si t'es pas prêt à mourir pour

Trois quatre whiskies
Et puis oublie
Quelques regards
Et ça repart

Trois jours d'ennui
Et vive la vie
Demain samedi
C'est beau la nuit

Ça rime à quoi l'Amour
Si t'es pas prêt à mourir pour

Trois quatre whiskies
Et des larmes
C'est un drame
Une fin de vie

Des mois d'ennui
Et rien derrière
Le deuil t'enterre
Nuit après nuit

Ça rime à quoi l'Amour
Si t'es pas prêt à mourir pour

J'ai tellement cru en ta parole
Qu'elle te vole ton auréole

Je ne veux pas de cet échec
De mes certitudes les obsèques

Ça rime à quoi l'Amour
Si t'es pas prêt à mourir pour

Alors on va souffrir, maigrir
S'amoindrir avant de s'attendrir

Revivra l'éternelle parole
Jamais l'ange rebelle ne s'envole

Ça rime à quoi l'Amour
Si t'es pas prêt à mourir pour

Avec Magali Fortin, nous avons repris ce texte.
Ainsi est né "*3,4 whiskies*" dans son album "En vert et contre tout" - 2002

L'agence

Venez à l'agence
On a quelqu'un pour vous
C'est votre jour de chance
On a quelqu'un pas loin
Quelqu'un de très très bien
Qui s'ra aux petits soins

Venez à l'agence
Oui y'a quelqu'un comme vous
Quelqu'un qui comme vous
Aime les grandes balades
Aime la mer les vacances
Et la rigolade

Oui quelqu'un qui comme vous
Aime la tolérance
Les tête-à-tête l'humour
Et rêve au grand Amour

Oui quelqu'un qui comme vous
La douceur la beauté
Les chats les chiens le thé
Et les soirées télé

Allez venez venez
C'est votre jour de chance
Allez venez venez
C'est la concurrence

Venez à l'agence
C'est vraiment pas cher
Et c'est l'bonheur derrière
Allez ça vaut le coup
Bien sûr pas d'urgence

Mais aidez la chance
Venez à l'agence
Oui y'a quelqu'un pour vous
Quelqu'un qui comme vous
Aime Johnny le ciné
Le sport les animaux
Les bons mots les marmots

Oui quelqu'un qui comme vous
Aime la jouissance
La bière l'expérience
Et le RC Lens

Oui quelqu'un qui pour vous
Aime vider les égouts
Les p'tits plats Canigou
Et même Michel Sardou

Venez à l'agence
C'est notre grande chance
Tout le monde est pressé
Plus l'temps de tergiverser
Venez dans le fichier
Il suffit de payer

Venez à l'agence
C'est notre jour de chance

Lit Sentiment

Au lit sans sentiment
J'ai longtemps proclamé
Préférer réclamer
Le vrai licenciement

C'était clair dès l'coup d'foudre
On s'aime comme des fous
Mais l'premier qui s'ennuie
N'attend pas la fin d'la nuit

Quand j'appliquais l'programme
Certains étaient choqués
Moi aussi j'ai craqué
C'n'était pas un drame

Au lit sans sentiment
J'ai longtemps proclamé
Préférer réclamer
Le vrai licenciement

Mais quand l'beau Toulousain
Lumière du soir éteinte
Retint son étreinte
J'ai changé de refrain

Le lit sans sentiment
Ou l'vrai licenciement
C'est le dilemme utopie
Où tout est blanc ou gris

Le lit sans sentiment
Ou le vrai licenciement
On a tous nos noblesses
Et nos p'tites faiblesses

L'Amour Parfait

Phrase d'introduction :

> L'Amour qu'on rêve, et c'qu'on vit
> (cela)   Nous donne envie, d'Amour parfait

J'rêvais d'Amour parfait
Quand je l'ai rencontré
L'Amour on l'a pas fait
Dans le premier Motel

On a parlé d'Amour
Parfait qui serait fait
Après des jours soleil
Des soirées aux chandelles

Le lendemain pas tôt
On s'est revu au thé
On a bien papoté
Pas pour concubinage

J'rêvais d'Amour parfait
Quand je l'ai rencontré
L'Amour on l'a pas fait
Dès qu'on fut enfin nu

Et puis on s'est quitté
Sans calamités
Un banal désaccord
Naufrage du langage

On se croise encore
On parle d'Amour Parfait

Et c'est notre secret
L'Amour qu'on n'a pas fait

J'rêvais d'Amour parfait
Quand je l'ai rencontré
L'Amour on l'a pas fait
J'en suis parfois frustrée

Je rêve d'Amour parfait
D'Amour qui sera fait
Je rêve d'Amour parfait
Eh oui, Parfai... tement

Ah ! Cet Amour parfait
Est-ce celui que l'on fait
Ou celui qu'on attend
Quand on a dix-sept ans

Autrement

Quand on leur dit "faut travailler"
Répondent douc'ment ne pas savoir
C'est des gens un peu débraillés
M'ont confié leur secret un soir

Nous avons choisi de vivre autrement
De suivre nos sentiments
Nous avons choisi
De vivre gaiement

Triste mine et tête d'angine
Parfois jouer "victime aux abois"
Avec certains il faut tricher
À certains il faut tout cacher

Car ils ont choisi de vivre autrement
De suivre leurs sentiments
Oui ils ont choisi
De vivre gaiement

Sûr qu'ils ne peuvent quand même pas dire
Qu'un p'tit R.M.I leur suffit
Seraient fichus de l'interdire
Aux amoureux aux trop heureux

Car ils ont choisi de vivre autrement
De suivre leurs sentiments
Oui ils ont choisi
De vivre gaiement

Pas de télé mais des câlins
Aucun stress ne les oppresse
Donc tout va bien, oui tout va bien
C'est des amis, mes nouveaux voisins

Oui ils ont choisi...

La vanille

Tes lettres
Tu les parfumes à la vanille
Et tu m'écris
« Mon corps aussi »

Tes lettres
Que tu parfumes à la vanille
Les jours les nuits
Sont toute ma vie ma vie

Tu es si loin
Oh si loin
Tu es si loin
Oh si loin

Dans ce lit
De nos nuits sans goutte d'ennui
Je les relis
Et je me dis

Tes lettres
Si je suis vraiment honnête
Je sais bien
Qu'elles brûleront demain

Tu es si loin
Oh si loin
Tu es si loin
Oh si loin

Tous on y viendra

On rigole
On rigole
Mais tous on y viendra

Quand sous les draps
Des hommes gras
Se diront bah !
Se diront bah !

Quand sous les draps
La femme là
Nous dira va
Nous dira va

Tous on y viendra
Tous on y viendra
Au viagra
Au viagra

Sous les draps

Quand tu seras sous les draps
Que tu l'étreindras
Si tu penses à moi
Dis-toi qu'c'est pas là
Ton avenir

Quand tu seras sous ses draps
Que tu souffriras
De savoir que toi et moi
C'était mieux que ça
T'as qu'à... dormir !

Quand tu la regarderas
Et te demanderas
Ce que tu fais là
T'auras que le choix
Tricher / Partir

Et quand tu me reviendras
Que t'ouvriras tes bras
J'te demanderai pourquoi
Ce que t'attends de moi
Est-ce l'avenir ?

Quand tu seras sous nos draps
Ce sera comme autrefois
Ou ça durera pas
Et c'est moi cette fois
Non... Ça ira !

Le Post-it

D'une poche de son sweat
Est tombé un post-it
C'étaient des mots qu'on dit doux
Et un prénom en dessous

Dans le tiroir de son bureau
Trônait un numéro
Un annuaire inversé
Donnait ses coordonnées

Je n'ai pas pu résister
Allo, j'suis une amie
Le brave mari attristé
J'sais pas quand elle va rentrer

Un catalogue traînait
Tout en le regardant
Elle est venue la grande idée
Jouer au... représentant

Et depuis
J'ai un amant
Et depuis
Moi seule sais
Le côté charmant
De ces deux couples pressés
Où chacun va chercher ailleurs
Des heures meilleures

C'est la Vie

Il disait
Je t'aime
Pour la vie
Je répondais
Moi aussi
Moi aussi

On dit tous
Je t'aime
On ajoute
Bien souvent
Pour la vie
C'est ainsi

Quand j'ai dit
C'est fini
C'était bien
Mais demain
Je serai
Très très loin

Il a crié
T'as pas le droit
T'avais promis
Nous on s'aime
Pour la vie
Toute la vie

Qu'auriez-vous fait
Que faites-vous
Dans ces cas-là ?
Moi j'ai souri

C'est la vie
C'est la vie

On s'aime bien
On s'aime moins
On s'habitue
On s'aime plus
C'est la vie
C'est la vie

Il prit son fusil
Et il tira
Quand il crut m'avoir refroidie
Il se retourna
Le canon dans la bouche
Il a fait mouche

Moralité
Méfiez-vous
Des hommes
Qui aiment les armes

Monsieur le Maire Attend

Monsieur le Maire attend
Nous ne sommes plus des enfants
Qui jouent avec le temps
Pour faire les importants

Tant pis pour l'esclandre
On a des choses à voir
T'as rien à m'apprendre ?
Si on parlait de hier soir !

Ta vie de jeune homme
Oui tu l'as enterrée
Une soirée Mijaurées !
L'orgie de ton album !

On a juste déconné
C'est parce que les cloches sonnent
Que tu m'prends pour une conne
Hier, je t'ai espionné !

Le maire peut attendre
C'est plus l'temps d'être tendre
Si j'vais à la mairie
Ce s'ra pas pour dire oui

Monsieur le maire attend
Tiens v'la ton alliance
Je vais prendre du bon temps
Sur une piste de danse

Sans la Moindre Ruse

C'est une histoire comme en naissent tant dans le noir
Fruit du hasard, du p'tit jeu des miroirs

Mais y'a autre chose qu'un coup de foudre
Deux utopies se dosent avant de fondre

Et si l'Amitié m'amuse
Et me rend muse
C'est que j'en use
Sans la moindre ruse

Bien observer celui qui jure m'aimer
Période probatoire avant d'y croire

De l'éclat de l'espoir je lis ses lettres
Sa vie ses rêves je veux tout connaître

Et si l'Amitié m'amuse
Et me rend muse
C'est que j'en use
Sans la moindre ruse

Je ne suis pas pressée et lui non plus
On sait tout va arriver, c'est voulu

On veut profiter de chaque nouveauté
Bisous baisers caresses et du reste

Et si l'Amitié m'amuse
Et me rend muse
C'est que j'en use
Sans la moindre ruse

Chaque Jour de l'Année

J'ai envie d'être aimée
Pas que pour un été
J'ai envie d'être fêtée
Chaque jour de l'année

Je le veux très câlins
Pas qu'le premier matin
Je le veux très cadeaux
Pas qu'à Saint Valentin
Entre nous pas de déclin
De l'Amour crescendo

J'ai envie d'être aimée
Pas que pour un été
J'ai envie d'être fêtée
Chaque jour de l'année

Pour moi tu feras Cabrel
Dans je t'Aime à mourir
Tu me feras mourir de rire
Au jeu Jacques Higelin
Du rocking-chair câlins
Je serai toujours belle, belle, belle

J'ai envie d'être aimée
Pas que pour un été
J'ai envie d'être fêtée
Chaque jour de l'année

L'Amour Fou

Aime-moi comme un fou
Tu sais cet amour fou
C'est ce qui reste d'une année
Quand on fait le bilan
Devant la cheminée

Faut me les fredonner
Les mots étincelants
Et on va fusionner
Se rouler comme dans d'la boue
Entre nous pas de tabou

Faut pas les écouter
Les vieux les nonchalants
Qui vont nous rire au nez
Qu'importent ces jaloux
Qui n'aiment qu'au mois d'août

Aime-moi comme un fou
Tu sais cet amour fou
C'est ce qui reste d'une année
Quand on fait le bilan
Devant la cheminée

Bien sûr y'a le travail
Et il faut qu'on y aille
Mais ce n'est que huit heures
Ce sera notre pause
Avant l'apothéose

Bien sûr y'a le sommeil
On est tous faits pareils
Mais on est des rêveurs

J'ai le sommeil grandiose
J'suis pas du genre névrose

Aime-moi comme un fou
Tu sais cet amour fou
C'est ce qui reste d'une année
Quand on fait le bilan
Devant la cheminée

Je Te Le Dirai Un Jour

Je t'aime, je te le dirai un jour
En attendant
Chacun sa petite vie
Avec les p'tits soucis
Tout le reste et le pain quotidien
Auxquels on pense chaque matin

Je t'aime, je te le dirai un jour
Mais vient toujours
Au moins un importun
Quand j'vais prendre ta main
Est-ce que l'Amitié serait suspectée
Dans ton quartier et dans le mien ?

Je t'aime, je te le dirai un jour
J'me le promets
Depuis combien d'années !
Est-ce mon besoin de rêver ?
De croire connaître quelqu'un
Avec qui enfin je serai bien

Je t'aime, je te le dirai un jour
Mais je suis qui
Pour toi qui toujours dis
Ma chère meilleure amie
La marraine de ton premier enfant
Pas la reine au regard innocent

Variation des trois derniers vers pour interprète masculin :

Mon cher meilleur ami
Le parrain de ton premier gamin
Pas celui sur qui tu poses tes seins

Complémentarité

Je riais de l'histoire
Racontée au dortoir
Ce coup d'épée qui nous sépare
D'un côté l'homme, très loin la femme
Et faut se retrouver
Pour vivre la vie rêvée

Mais depuis cet été
Que je t'ai rencontré
Ce mot que d'aucuns glorifient
J'ai compris ce qu'il signifie
Complémentarité
La complémentarité

Tu es ma moitié
Zeus nous avait séparés
On s'est retrouvé
C'est la vie rêvée

Certains rient au dortoir
Quand je raconte l'histoire
Du coup d'épée qui nous sépare
D'un côté l'homme, très loin la femme
Et faut se retrouver
Pour vivre la vie rêvée

Car depuis cet été
Que je t'ai rencontré
J'ai compris ce qu'il signifie
Ce grand mot que l'on glorifie
Complémentarité
La complémentarité

Tu es ma moitié
Zeus nous avait séparés
On s'est retrouvé
C'est la vie rêvée

Si tu hésites

Il me dit je t'aime
Mais y'a un problème
Dans ma vie y'a quelqu'un
Quelqu'un de très très bien
La mère de mes enfants
On se connaît depuis dix ans

Si tu hésites
Si tu préfères l'ombre au soleil
Reste avec elle

Il me dit je t'aime
Mais comprends-moi aussi
C'est compliqué la vie
Elle aussi je l'aime
Elle est si gentille
Si gracile si docile

Si tu hésites
Si tu préfères l'ombre au soleil
Reste avec elle

Il me dit d'attendre
De toujours être tendre
Qu'un jour il choisira
Et qu'avec moi vivra
Nous aurons des enfants
Des chiens des chats persans

Si tu hésites
Si tu préfères l'ombre au soleil
Reste avec elle

Je veux pas briser le bonheur
Mais si je suis dans ton cœur
C'est qu'y'avait de la place
L'Amour a de l'audace
Viens, accours sans remords
Ou poursuis ta p'tite mort

Si tu hésites
Si tu préfères l'ombre au soleil
Reste avec elle

Si pour toi, j'suis pas la plus belle
Si tu hésites reste avec elle

Pas su l'aborder

Je n'ai pas su l'aborder
Aux slows je le regardais
Au bar il buvait une bière
Avait le sourire visionnaire

Je n'ai pas su l'aborder
Pas laissé parler mon cœur
Je tremblais, j'ai balbutié
S'il te plaît, aurais-tu l'heure ?

Toute la semaine j'me suis jurée
Samedi oui j'oserai
Je ne l'ai jamais revu
Le plus beau des chevelus

Je n'ai pas su l'aborder
C'était y'a bien des années
Je croyais avoir le temps
Comme on a le temps à seize ans

Je n'ai pas su l'aborder
Même dans la joie, dans des bras
C'est impossible d'oublier
Que je n'ai pas su l'aborder

Adieu

Adieu
Rien que le mot, adieu
Qu'il est affreux

Adieu
Il n'y a rien d'autre
À ajouter

Tout est
Comme on dit, ajourné
À oublier

Tout est
Du passé, de l'essai
À effacer

Adieu
Rien que le mot, adieu
Qu'il est affreux

À deux
Nous ne serons pas vieux
C'est peut-être mieux

Nos yeux
N'étaient plus amoureux
Même plus joyeux

C'est vrai
Nous n'étions plus heureux
Ainsi c'est mieux

Adieu
Rien que le mot, adieu
Qu'il est affreux

Vaut mieux
Quitter les lieux, les lieux
Des jours radieux

Mon vieux
Reprends ce que tu veux
Ou fais un feu

Adieu
Ne soyons pas odieux
Ni monstrueux

Adieu
Va et fais de ton mieux
Et sois heureux

Adieu
Je ferai de mon mieux
Adieu... mon vieux !

Les Beaux Jours

C'est le retour des beaux jours
On oublie tout même la boue
On les absout les jaloux

Je suis celle qui l'ensorcelle
Je suis sa fée son bienfait
Ma vie commence aujourd'hui
Comment ai-je pu vivre sans lui

Comment ai-je pu perdre mon temps
Avec des regards d'enterrement
J'ai douté qu'il existait
Quelque part l'homme de ma pomme

C'est le retour des beaux jours
On oublie tout même la boue
On les absout les jaloux

On se découvre des rêves communs
À vivre dès le lendemain
On regarde les nuages
Les suivre c'est de notre âge

Je l'écoute délirer des heures
Me raconter ses petites erreurs
Car lui aussi il a eu peur
D'être un abonné du malheur

C'est le retour des beaux jours
On oublie tout même la boue
On les absout les jaloux

C'est le retour des beaux jours
On oublie tout...
On ne pense qu'à nous...
On ne pense qu'à nous
C'est le retour des beaux jours

Vivre avec Toi

Chaque lundi je fais mes valises
L'idée départ l'idéalise
Sur le parquet je m'affale
M'ouvre un paquet de céréales
C'est ma tête dans ce miroir
La porte mes valises et l'armoire
Ainsi se divisent mes regards
La porte mes valises et l'armoire

Tu m'avais prévenue
C'est difficile
De vivre avec toi

C'est lundi, je vérifie si j't'adore
Vais-je quitter ce paradis ?
Paradis que tu dis ce taudis
C'est ici que tu as grandi
Est-ce qu'les sentiments sont plus forts
Que tous tes petits caprices
Qui entre toi et moi s'immiscent
Font sur l'Amour des cicatrices

Tu m'avais prévenue
C'est difficile
De vivre avec toi

Comme chaque lundi, rangées mes valises
C'est pas aujourd'hui le départ
Dans le canapé je m'affale
Faut bien finir les céréales
C'est ma tête dans ce miroir
J'espère que tu n'seras pas en retard
J'ai peur de lire dans ton regard
Le regret d'ici encore me voir

Tu m'avais prévenue
C'est difficile
De vivre avec toi

Je t'avais prévenu
C'est difficile
De vivre avec moi

Je t'avais prévenu
C'est difficile
De vivre avec moi

Te revoir

J'ai eu envie de te revoir
Des tas de fois, pas que des soirs
Je n'osais pas, le premier pas

Et samedi dans cette gare
C'est par hasard que nos regards
Se sont reconnus, se sont mis à nu

Et samedi dans cette gare
Nous avions chacun notre histoire
Un grand bonheur, entre les douleurs

J'ai eu envie de te revoir
Des tas de fois, pas que des soirs
Je n'osais pas, le premier pas

Quand en retard arriva le train
On s'est présenté les gamins
On s'est dit ils ont le même teint

Je me suis dit, est-il trop tard
Il était temps, de se dire bonsoir
Va-t'on compter sur le hasard ?

J'ai eu envie de te revoir
Des tas de fois, pas que des soirs
Je n'osais pas, le premier pas

Tes yeux luisaient des mêmes pensées
Ni toi ni moi n'avons cédé
Encore une fois on fut très fiers

Encore une fois on fut trop fiers
Mais comment l'aider le hasard ?
Attendre les vacances scolaires ?

Oui j'ai envie de le revoir   [la]
Des tas de fois, pas que des soirs
Je n'ose pas, le premier pas

79

Sentimentale

Sentimentale
Trop d'hommes comme tu dis
Toujours pressants avant
Et après c'est du vent
Sentimentale
À ces rencontres-là
Perdu ton air jovial
Un peu de ton éclat

Sentimentale
Ne crois plus au "Je t'Aime"
Mais l'premier qui t'le dit
Tu crois qu'c'est pour la vie
Sentimentale
T'oublies tous les problèmes
Et te v'la aux urgences
Tu n'as pas eu de chance

Sentimentale
Trouvé ton idéal
Mais c'était chez Stendhal
Il avait l'âme loyale
Sentimentale
Oh ça te fait si mal
Ces hommes qui ne voient en toi
Qu'une étoile qu'on emballe

Sentimentale
Les hommes t'ont dégoûtée
Mais ne plus y goûter
Tu sais que c'est risqué
Oui c'est risquer
De passer à côté

De celui qui s'ra ton Graal
Un enfant de Stendhal

Sentimentale…
Sentimentale...
Sentimentale...

Depuis que Tu es là

Depuis que tu es là
Terminées les migraines
Les heures gangrène
Que le tranxène égrène

Tous les petits soucis
Me passent sous les talons
Comme tout s'est adouci
Magie de l'Apollon

Depuis que tu es là
C'est fête foraine
Oui je suis ta reine
Enfin sereine

Pas de mots assez zen
J'en moule de nouveaux
Trop de femmes pour faire beau
Ont... t'ont dit je t'aime

Depuis que tu es là
De whisky plus un doigt
Dans mon Coca-Cola
Et plus de Tequila

Mon corps s'est remis d'accord
Avec le quotidien
Et ce nouveau décor
C'est ta main qui le tient

Depuis que tu es là
Même quand tu es loin
En moi y'a ta présence
J'ai fais le plein d'essence

Tout ce que tu touches
J'y mets la bouche
Je voudrais tout embrasser
Quand j'peux pas t'enlacer

Depuis que tu es là
Enfin je respire
J'aspire au week-end
Oh Toi mon oxygène

Tout comme Diogène
Dans son si beau tonneau
Plus rien ne me gêne
Plus rien ne me peine

Depuis que tu es là
J'ai retrouvé foi en moi
J'ai retrouvé la joie
Depuis que tu es là

Au p'tit matin

Au p'tit matin, nous avons remonté l'boulevard
Main dans la main, bavards jusqu'au quai de la gare

Si l'retard du train avait duré jusqu'au soir
Je ne me serais pas lassée d'être enlacée

Mais comme tout doit s'arrêter, il a déboulé
Il fallut se décoller, m'a fallu monter

Impossible de parler, avec ces vitres scellées
Heureusement, j'avais emporté mon portable

Je t'Aime vivement samedi. Inoubliable
Quelle vie ! Quelle nuit ! Je t'Aime, Vivement samedi

Trois fois j'ai répété, cette impudeur du cœur
Trois fois répété, après l'bip du répondeur

Sur la voie d'à côté, un train arrivait des Vosges
Il était jaune et ne devait pas... poser

Mon bel amour s'est figé, métamorphosé
Il m'a dévisagé, puis fixa l'horloge

Et sous les roues, l'homme sans couleur a plongé
À la seconde la raison je l'envisageais

Voilà toute la magie de la technologie
Depuis qu'les vitres des TGV sont verrouillées
Depuis que partout nous suivent les portables
Et que les filles de province, plus que potables
Laissent encore des parisiens les foudroyer

Se laissent plus que draguer par des hommes bagués
Dont la femme finie sa journée au p'tit matin

Ah !, s'il l'avait emporté son portable
Plutôt que de le brancher sur le répondeur
C'est pas toujours le bonheur
Au bout des impudeurs

Le menteur et l'amant

J'ai pas des yeux dans le dos
Pas vieux jeu ni parano
Mais quand même j'y vois bien clair
Réunions Repas d'affaires
Et semaines en formation
Tout de la fornication

Pourtant je reste avec toi
Ta dame répond au p'tit doigt
Elle joue la femme d'autrefois

Ce qu'il ignore
C'est que j'ai un amant
Et son héritier
Ce n'est pas son enfant

T'es devenu roitelet
T'as le pouvoir que tu voulais
L'argent de toutes tes envies
Pas de place pour les sentiments
Tu dis les gens ont un prix
Et tu peux payer comptant

C'est le menteur à midinettes
En plus il se dit honnête
Propagande sur Internet

Ce qu'il ignore
C'est que j'ai un amant
Et son héritier
Ce n'est pas son enfant

Maintenant je peux tout dire
Avec mon amant partir
Le menteur m'a fait confiance
Ce genre de type on peut trahir
J'étais libre sur les dépenses
On peut vivre dans l'aisance

En plus il paye comme père
La pension alimentaire
Pour son héritier si cher

Il ignore toujours
Que j'avais un amant
Et son héritier
Compte plus que ses diamants

L'Amour de notre vie

On dit je l'ai enfin trouvé
Tout à fait comme je le rêvais
Et déjà on regarde ailleurs
Se demande si y'a pas meilleur

On cherche tous l'Amour de notre vie
Quand on se sourit on a envie
De dire oui c'est lui mon soleil
C'est pour lui que je me fais belle

Mais s'engager pour la vie
Quel changement !
Sûr qu'on en a l'envie
Quel engagement !

J'ai dit je t'ai enfin trouvé
Tu es celui dont je rêvais
Et déjà je regarde ailleurs
Me demande si y'a pas meilleur

Je te cherche Amour de ma vie
Quand tu me souris j'ai envie
De dire oui c'est toi mon soleil
Pour toi toujours je me ferai belle

Mais s'engager pour la vie
Quel changement !
Sûr que j'en ai l'envie
Mais quel engagement !

Un bon présage

S'il m'invite à danser
Puis à s'asseoir au bar
À boire un cocktail
On se dit, c'est un bon présage

Si le premier baiser
C'est sur un vieux succès
De Francis Cabrel
On se dit, c'est un bon présage

> *Quand quelqu'un nous dévisage*
> *On cherche tous de bons présages*
> *On a tous besoin de voir*
> *Ce genre d'espoirs au début d'une histoire*

Si sur les cigarettes
Les petites fumettes
Et sur l'ecstasy
Il me dit tout ce que je souhaite

Si les mêmes goûts on a
Chanson et cinéma
Ou le même âge
Mêmes envies de lointains voyages

Si nos signes du zodiaque
N'annoncent aucun nuage
S'il y croit aussi
On se dit, c'est un bon présage

S'il m'offre un tacOtac
Gagnant au grattage
Tout nous réussit
On se dit, c'est un bon présage

Quand quelqu'un nous dévisage
On cherche tous de bons présages
On a tous besoin de voir
Ce genre d'espoirs au début d'une histoire...

Des mots d'Amour

J'en avais assez
De ces mots d'Amour
Que tout le monde
À la moindre pulsion
Va te balancer

Comme elle m'agaçait
Cette rime à toujours
Que tout le monde
Comme une rédaction
S'oblige à placer

Moi il me fallait
De vrais mots d'Amour
De ces mots d'amour
Jamais baignés de larmes
Qu'c'est tout un programme

Parfois j'en parlais
Tous ils rigolaient
C'est con tes questions !
Personne saisissait
Ça me bouleversait

Moi il me fallait
De vrais mots d'Amour
De ces mots d'amour
Jamais baignés de larmes
Qu'c'est tout un programme

Ce fut mon dilemme
Impossible de dire
Tu sais je t'aime

Je les faisais fuir
Une fille à problèmes

Et un soir d'été
Je l'ai inventé
Mon tout premier mot
D'Amour pas bateau
Un mot pas nigaud

Depuis j'assemble
Les belles syllabes
Mélange le français
L'anglais l'arabe
Chinois et Japonais

Oui moi qui voulais
De vrais mots d'Amour
J'en ai plus qu'il faut
Des mots rien qu'à moi
Des mots que pour toi

Un enfant de Toi

À quatorze ans j'en rêvais
De l'homme idéal
Et je t'ai trouvé
Mon bonheur intégral
Mais je n'ai plus envie
De cette félicité
De notre intimité
Non, je n'ai plus envie
Que l'on vive à deux
Un enfant de Toi je veux

Je veux un enfant de Toi
Il aura tes doigts
Sûrement ma voix
Ou bien le contraire
Dame nature laissons faire
Il aura de toi et de moi
Il sera notre fusion
Il sera notre raison
Et l'on sera trois
Je veux un enfant de Toi

Sur mon ventre chaque matin
Tu poseras tes mains
Tu l'embrasseras
L'endroit du miracle
Miracle de la vie
Un jour il bougera
De joie on pleurera
Un jour il sortira
Oui l'on sera trois
Je veux un enfant de toi

Je veux un enfant de Toi
Tout ce que l'on sait
On lui apprendra
Et on lui montrera
La mer la montagne
Surtout la campagne
Alors tu choisiras
Où à trois l'on vivra
En Toi j'ai la foi
Je veux un enfant de Toi

Pas le premier soir

Des mecs ricanent
T'es vieux jeu Romane
Tu sais y'a pas de danger
On va se protéger

Moi ces mecs-là
Ne m'intéressent pas
Qu'ils aillent se rassasier
Chez les ecstasiées

> Tu viens dans la voiture
> On joue, jouit on dit
> Le sexe et la biture
> Tu parles d'une aventure

> *Jamais le premier soir*
> *Le premier mois c'est rare*
> *Si je suis tout pour toi*
> *Tu resteras courtois*

> Hé Romane que j'aime
> Viens derrière un platane
> On va lire un poème
> De Francis Lalanne

Moi ces mec-là
Ne m'intéressent pas
Qu'ils aillent s'extasier
Chez les ecstasiées

> *Jamais le premier soir*
> *Le premier mois c'est rare*
> *Si je suis tout pour toi*
> *Tu resteras courtois*

Je t'Aime

Comment te dire "je t'Aime"
Pour que tu comprennes
Que ce n'est pas de la haine

Comment te dire "je t'Aime"
Quand tous les problèmes
Tu crois que c'est moi qui les sème

Comment te dire "je t'Aime"
Quand depuis des semaines
Dans le désespoir je traîne

Chaque soir j'implore Verlaine
Est-ce qu'un grand poème
Mettra fin à cette quarantaine

Comment te dire "je t'Aime"
Pour qu'tu sois certaine
Que ces mots ne sont pas obscènes

Je t'Aime

Les amants

Le dernier roman des amants
Est posé sur le lit défait
Le lit des faits où tout l'été
Les amants étaient aimantés

Le dernier roman des amants
Est ouvert pages cent deux cent trois
Ils ont cru que plus loin ; plus loin
Rien n'était vraiment passionnant

Page cent, les amants du roman
Sont séparés par leurs parents
Pour prouver leur attachement
Ils ne voient que le bain de sang

Le dernier roman des amants
Est posé sur le lit défait
Le lit des faits où tout l'été
Les amants étaient aimantés

Ils refusaient de travailler
Leurs parents veulent les torpiller
La pension est leur solution
Bien sûr pas dans la même région

Nos amants se sont reconnus
Mais page cent six du roman
Les amants qui ont pensé suicide
Décident de partir, de partir

Et de vivre la vie de bohème
Leitmotiv de Je t'Aime
J'le sais j'ai écrit ce roman
Inspiré de mes errements

Le dernier roman des amants
Est posé sur le lit défait
Lit des faits où on m'a demandé
De résumer mon premier roman

On s'emmêle

On s'connaît sous pseudonymes
Dans le monde virtuel
On s'donne rendez-vous dans l'réel
Synonyme
De sexuel

Après quelques e-mails
On s'emmêle
On s'emmêle

Vous trouvez ça décadent
C'était mieux y'a vingt ans
T'es sûr qu'c'était mieux d'picoler
Avant
De s'enrouler ?

Après quelques e-mails
On s'emmêle
On s'emmêle

Après quelques e-mails
On s'emmêle
On s'emmêle

Où vivent-elles ?

Toujours elles sont au volant d'une voiture
Ou à la fenêtre d'un train
Toujours elles vont à toute allure
Vers un autre destin
Pas moyen d'obtenir trois mots
Une adresse un numéro

Où vont-elles
Où vivent-elles
Les ombres qui nous émerveillent ?
Connaissez-vous une allée
Où elles se laissent aborder ?
Un site internet
Photo – boîte aux lettres

J'essaye les magasins
J'achète des légumes au marché
Je vais passer l'été à Balbec
L'hiver aux Pyrénées
Pas une fois je ne les revois
Y'a d'quoi perdre la foi

Où vont-elles
Où vivent-elles
Les ombres qui nous émerveillent ?
Connaissez-vous une allée
Où elles se laissent aborder ?
Un site internet
Photo – boîte aux lettres

Toujours elles sont au volant d'une voiture
Ou à la fenêtre d'un train
Toujours elles vont à toute allure

Vers un autre destin
Pas moyen d'obtenir trois mots
Une adresse un numéro

Où vont-elles
Où vivent-elles
Les ombres qui nous émerveillent ?
Connaissez-vous une allée
Où elles se laissent aborder ?
Un site internet
Photo – boîte aux lettres

Son Poulidor

C'est une femme qui s'proclame
100% libérée
J'aim'rais bien pouvoir m'en passer
Dans l'miroir j'ai l'impression d'voir son jouet

Elle dit qu'elle m'adore
Mais j'suis son Poulidor
C'est pas avec moi qu'elle dort
Elle a un mari
Et moi les mardis samedis

Elle dit ne t'inquiète pas
Au fond je n'aime que toi
Mais son mari fait des affaires
Elle peut pas s'en défaire d'sa vie d'milliardaire

Elle dit qu'elle m'adore
Mais j'suis son Poulidor
C'est pas avec moi qu'elle dort
Elle a un mari
Et moi les mardis samedis

Encore une nuit sans Toi

Encore une nuit sans toi
Une heure au téléphone
Avant de se dire bonsoir
Ne lis pas trop tard que tes rêves soient sans cauchemars

Encore une nuit sans toi
T'as parlé d'Amitié
Estime intellectuelle
Cette absence d'attirance physique comme c'est cruel

Encore une nuit sans toi
L'amour qui te fait peur
Je sais bien sûr nos blessures
Et mon air pas sûr de blessé qui se rassure

Encore une nuit sans toi
Pas un ami n'y croit
Quand j'ose avouer qu'mes nuits
Seront avec toi ou les draps resteront froids

Encore une nuit sans toi
Encore une nuit sans toi
Encore une nuit sans toi

Musique et interprétation de Dragan Kraljevic dans
l'album *Vivre Autrement (après les ruines)*, 2013.

T'étais tout

T'étais tout j'étais jaloux
Cafards à tes retards

J'étais jaloux comme un fou
Surveillant tes regards

T'étais tout et t'es plus rien
Comme une flamme qui s'éteint
T'étais tout et t'es plus rien

Je voulais sentir tes mains
Jamais loin de mes reins

Ça s'arrête un beau matin
Pourquoi on sait pas bien

T'étais tout et t'es plus rien
Comme une flamme qui s'éteint
T'étais tout et t'es plus rien

Ils se brisent tous les liens
Plus envie de câlins

Plus envie de ce chemin
Sans les saveurs soudain

T'étais tout et t'es plus rien
Comme une flamme qui s'éteint
T'étais tout et t'es plus rien

T'es déjà plus qu'un souvenir
T'étais tout l'avenir

Si tu veux sans cri finir
Adieu on va se dire

T'étais tout et t'es plus rien
Comme une flamme qui s'éteint...

T'étais tout et t'es plus rien

Si seulement sexuellement

Si seulement sexuellement
C'était moins souvent
Faire semblant
J's'rais moins souvent
Comme tu dis... distant

Quand ils ont tous foutu le camp
Les jours enivrants
Envoûtants
Chacun attend
Et l'on perd... son temps

Quand y'en a plus de sentiments
Et qu'sexuellement
C'est néant
Pour les enfants
On reste trop... longtemps

Si seulement sexuellement
C'était moins souvent
Faire semblant
J's'rais moins souvent
Comme tu dis... distant

Les couleurs

Du blanc du jaune du noir
Quelques dermes intermédiaires
Ni blancs ni jaunes ni noirs
Un peu plus foncé un peu plus clair

La couleur de ma peau
La couleur de ta peau
Avant que toutes les couleurs ne se mélangent
Y'aura toujours des gens qu'elle dérange

Pas de quoi en être fier
Ce ne sont que quelques gènes
Notre apparence sur terre
Pas la peine d'en faire des gènes de haine

La couleur de ma peau
La couleur de ta peau
Avant que toutes les couleurs ne se mélangent
Y'aura toujours des gens qu'elle dérange

Dis-moi ce que tu aimes
Parle-moi plutôt de tes joies
Et de tes vrais problèmes
Voilà c'qui compte vraiment pour moi

La couleur de ma peau
La couleur de ta peau
Avant que toutes les couleurs ne se mélangent
Y'aura toujours des gens qu'elle dérange

Avec Magali Fortin, nous avons repris ce texte.
Ainsi est né "*Une seule et même couleurS* " de l'album
« *Vivre Autrement (après les ruines)* » - 2013.
Œuvre que la chanteuse de l'autre sud présentera
également dans son prochain album.

105

ADN Couperet

Un jour l'ADN
Va revisiter l'histoire
Nul besoin de cartomanciennes
Pour deviner l'coup d'massue dans les manoirs

Comme ils vont pleurer
Si fiers de leur particule
Si fiers de s'affirmer bien nés
Se sentiront déshonorés ridicules

Un illustre ascendant
S'en réclamer
C'est maintenant
S'exposer
À une seule infidélité
Un seul maillon
Dans la chaîne des générations

Dans l'métro d'Berlin
Certains ont dit c'est choquant
Une publicité nouveau teint
« Êtes-vous certain d'être le père de votre enfant ? »

Pour quelques euros
Sur ses doutes on y voit clair
Redevenir papa gâteaux
Ou dire non à la pension alimentaire

Un tout doux descendant
Le dorloter
Mieux vaut avant
Vérifier
Tout soupçon d'infidélité
Y'a rien de pire
Que d'interpréter des sourires

106

La douleur s'évapore

Un jour
La douleur s'évapore
Les causes existent encore
Mais l'esprit est plus fort
L'esprit devient le maître du corps

Un jour
Sans le moindre miracle
Elle cesse la débâcle
C'est sur le long chemin
Etape essentielle d'éveil humain

Un jour
L'homme comprend l'amour
Un jour
L'homme comprend la mort
Comprendre pourquoi comment
Comprendre le s'en va et survient des éléments

Un jour
Détaché complètement
Sourire du mot argent
Lâcher peu de paroles
Vivre sans chercher à tenir un rôle

Un jour
À chaque atome, sensible
On dira insensible
C'est ainsi qu'l'extérieur
N'apporte plus ni bonheur ni terreur

Un jour
L'homme comprend l'amour

Un jour
L'homme comprend la mort
Comprendre pourquoi comment...

Musique et interprétation de Stéphane Deprost dans l'album *Savoirs.*

Bien plus celui que je serai

Tu regardes des photos
Tu as recueilli des propos
De ceux qui prétendent m'avoir bien connu
M'ont aperçu au hasard d'une déconvenue

Mais je suis bien plus
Celui que je serai
Que le sosie la poupée russe
De mon passé
Bien plus celui que je serai
Que décalcomanie du passé

Tu dis tel père tel fils
La vie n'est qu'une pente où l'on glisse
Tu penses que tout est écrit d'avance
Qu'à la naissance tu tires ou non la carte chance

Mais je suis bien plus
Celui que je serai
Que le sosie la poupée russe
De mon passé
Bien plus celui que je serai
Que décalcomanie du passé

T'as mon chap'let d'erreurs
Que t'égrènes pour fermer ton coeur
À force de trop fixer les vieux sillons
Tu es devenue sourde aux bonnes résolutions

Mais je suis bien plus
Celui que je serai
Que le sosie la poupée russe
De mon passé

Bien plus celui que je serai
Que décalcomanie du passé

Musique et interprétation de David Walter dans l'album *Vivre Autrement (après les ruines).*

La meilleure des thérapies

Et si
La meilleure des thérapies
C'était tout simplement la vie
Et si
Plutôt que de mettre la tête dans le prozac
On la tournait du côté des possibles
Et si on posait le masque
Passait du nuisible au paisible

Et si
La meilleure des thérapies
C'était tout simplement la vie
Tout simplement la vie

La meilleure des thérapies
Tout simplement la vie
Tout simplement la vie
Tout simplement retrouver l'envie

Stéphane Ternoise

Stéphane Ternoise est né en 1968. Il publie depuis 1991. Il est depuis son premier livre éditeur indépendant.

Ses 15 premiers livres sont disponibles en papier dos carré collé.

La Révolution Numérique, le roman, le combat, les photos, 2013

Théâtre pour femmes, 2010

Ils ne sont pas intervenus (le livre des conséquences), roman, 2009

Théâtre peut-être complet, théâtre, 2008

Global 2006, romans, théâtre, 2007

Chansons trop éloignées des normes industrielles et autres Ternoise-non-autorisé, 2006

Théâtre de Ternoise et autres textes déterminés, 2005

La Faute à Souchon ?, roman, 2004

Amour - État du sentiment et perspectives, essai, 2003

Vive le Sud ! (Et la chanson... Et l'Amour...), théâtre, 2002

Chansons d'avant l'an 2000, 120 textes, 1999

Liberté, j'ignorais tant de Toi, roman, 1998

Assedic Blues, Bureaucrate ou Quelques centaines de francs par mois, essai, 1997

Arthur et Autres Aventures, nouvelles, 1992

Éternelle Tendresse, poésie, 1991

http://www.livrepapier.com propose d'autres livres, imprimés à la demande.

Versant numérique...

http://www.ecrivain.pro essaye d'être complet, avec un "blog" (je préfère l'expression "une partie des chroniques"). Mais il ne peut naturellement pas copier coller l'ensemble des textes présentés ailleurs.

En ebooks, mes principales publications peuvent se diviser en trois versants : romans, essais, pièces de théâtre (il existe aussi des recueils de chansons et des livres de photos de présentation du Sud-Ouest).

Comprendre le développement numérique de la littérature m'a permis d'obtenir les domaines :

http://www.romancier.net

Peut-être un roman autobiographique y est à la une. Ce sont les lectrices et lecteurs qui décident de la vie d'une œuvre. Ce roman bénéficie d'excellentes critiques, régulières... mais de ventes lentes. Un roman sûrement plus difficile d'accès que la moyenne. Pour un lectorat exigeant. La formation d'un écrivain ? La résilience, passée par l'amour, les amours.

http://www.dramaturge.net

Mes pièces de théâtre sont désormais parfois jouées. Elles sont toutes disponibles en ebooks.

http://www.essayiste.net

Le monde de l'édition décrypté, comme dans *Écrivains, réveillez-vous ? - La loi 2012-287 du 1er mars 2012 et autres somnifères ou Le livre numérique, fils de l'auto-édition.* Mais également l'amour analysé dans une perspective stendhalienne avec création du concept de sérénamour, *Amour - état du sentiment et perspectives* et la politique nationale, ses grandes tendances, ses personnages principaux...

Les 4 meilleures ventes d'un écrivain indépendant...

Ecrivain engagé dans le numérique, militant de l'ebook, c'est sur Amazon que se concrétisent mes meilleures ventes.

Elles sont présentées page
http://www.ecrivain.pro/meilleuresventes20120712.html

1) *Peut-être un roman autobiographique*
Le cinquième roman. Porté par de très bonnes critiques... reste en ventes lentes... mais quotidiennes...

2) *Le guide de l'auto-édition numérique en France (Publier et vendre des ebooks en autopublication)*

Il s'est (logiquement) imposé comme LA référence.

3) *Le livre numérique, fils de l'auto-édition*
Une compréhension de la révolution du livre numérique, inscrite dans l'auto-édition historique qui n'est jamais parvenue à briser les barrières mises en place devant les médias pour que ne puissent être vues les œuvres indépendantes.

4) *Comment devenir écrivain ? Être écrivain ? (Écrire est-ce un vrai métier ? Une vocation ? Quelle formation ?...)*
Tout écrivain en herbe se doit de lire cette approche publiée fin juin 2012... Les lectrices et lecteurs qui souhaitent "comprendre" un écrivain peuvent naturellement s'y confronter...

Catalogue numérique

Romans : (http://www.romancier.net)
*Ils ne sont pas intervenus (le livre des conséquences)
également en version numérique sous le titre Peut-être un
roman autobiographique*
La Faute à Souchon ? *également en version numérique sous le
titre* **Le roman du show-biz et de la sagesse (Même les dolmens
se brisent)**
*Liberté, j'ignorais tant de Toi également en version numérique
sous le titre Libertés d'avant l'an 2000)*
Viré, viré, viré, même viré du Rmi
*Quand les familles sans toit sont entrées dans les maisons
fermées*

Théâtre : (http://www.theatre.wf)
Théâtre peut-être complet
La baguette magique et les philosophes
Quatre ou cinq femmes attendent la star
Avant les élections présidentielles
Les secrets de maître Pierre, notaire de campagne
Deux sœurs et un contrôle fiscal
Ça magouille aux assurances
Pourquoi est-il venu ?
Amour, sud et chansons
Blaise Pascal serait webmaster
Aventures d'écrivains régionaux
Trois femmes et un amour
*La fille aux 200 doudous et autres pièces de théâtre pour
enfants*
*« Révélations » sur « les apparitions d'Astaffort » Jacques Brel
/ Francis Cabrel (les secrets de la grotte Mariette)*
*Théâtre 7 femmes 7 comédiennes - Deux pièces
contemporaines*
Théâtre pour femmes
Pièces de théâtre pour 8 femmes
Onze femmes et la star

Photos : (http://www.france.wf)
Montcuq, le village lotois
Cahors, des pierres et des hommes. *Photos et commentaires*
Limogne-en-Quercy Calvignac la route des dolmens et gariottes
Saint-Cirq-Lapopie, le plus beau village de France ?
Saillac village du Lot
Limogne-en-Quercy cinq monuments historiques cinq dolmens
Beauregard, Dolmens Gariottes Château de Marsa et autres merveilles lotoises
Villeneuve-sur-Lot, des monuments historiques, un salon du livre... -Photos, histoires et opinions
Henri Martin du musée Henri-Martin de Cahors - Avec visite de Labastide-du-Vert et Saint-Cirq-Lapopie sur les traces du peintre
L'église romane de Rouillac à Montcuq et sa voisine oubliée, à découvrir - Les fresques de Rouillac, Touffailles et Saint-Félix

Livres d'artiste (http://www.quercy.pro)
Quercy : l'harmonie du hasard - Livre d'artiste 100% numérique

Essais : (http://www.essayiste.net)
Le manifeste de l'auto-édition - Manifeste politico-littéraire pour la reconnaissance des écrivains indépendants et une saine concurrence entre les différentes formes d'édition
Écrivains, réveillez-vous ? - La loi 2012-287 du 1er mars 2012 et autres somnifères
Le livre numérique, fils de l'auto-édition
Aurélie Filippetti, Antoine Gallimard et les subventions contre l'auto-édition - Les coulisses de l'édition française révélées aux lectrices, lecteurs et jeunes écrivains
Le guide de l'auto-édition numérique en France
(Publier et vendre des ebooks en autopublication)
Réponses à monsieur Frédéric Beigbeder au sujet du Livre Numérique (Écrivains= moutons tondus ?)

Comment devenir écrivain ? Être écrivain ?
(Écrire est-ce un vrai métier ? Une vocation ? Quelle formation ?...)
Amour - état du sentiment et perspectives
Ebook de l'Amour
Copie privée, droit de prêt en bibliothèque : vous payez, nous ne touchons pas un centime - Quand la France organise la marginalisation des écrivains indépendants

Chansons : (http://www.parolier.info)
Chansons trop éloignées des normes industrielles
Chansons vertes et autres textes engagés
Chansons d'avant l'an 2000
Parodies de chansons
De Renaud à Cabrel En passant par Cloclo et Jacques Brel

En chti : (http://www.chti.es)
Canchons et cafougnettes (Ternoise chti)
Elle tiote aux deux chints doudous (théâtre)

Politique : (http://www.commentaire.info)
Ce François Hollande qui peut encore gagner le 6 mai 2012 ne le mérite pas (Un Parti Socialiste non réformé au pays du quinquennat déplorable de Nicolas Sarkozy)
Nicolas Sarkozy : sketchs et Parodies de chansons
Bernadette et Jacques Chirac vus du Lot - Chansons théâtre textes lotois
Affaire Ségolène Royal - Olivier Falorni Ce qu'il faut en retenir pour l'Histoire - Un écrivain engagé, un observateur indépendant
François Fillon, persuadé qu'il aurait battu François Hollande en 2012, qu'il le battra en 2017 (?)

Notre vie (http://www.morts.info)
La trahison des morts : les concessions à perpétuité discrètement récupérées - Cahors, à l'ombre des remparts médiévaux, les vieux morts doivent laisser la place aux jeunes...
Cahors : Adèle et Marie Borie contre Jean-Marc Vayssouze-Faure - Appel à une mobilisation locale et nationale pour sauver les soeurs Borie...

Jeux de société
http://www.lejeudespistescyclables.com
La France des pistes cyclables - Fabriquer un jeu de société pour enfants de 8 à 108 ans
Autres :
La disparition du père Noël et autres contes
J'écris aussi des sketchs
Vive les poules municipales... et les poulets municipaux - Réduire le volume des déchets alimentaires et manger des oeufs de qualité

Œuvres traduites :

La fille aux 200 doudous :
- *The Teddy (Bear) Whisperer* (Kate-Marie Glover) - Das Mädchen mit den 200 Schmusetieren (Jeanne Meurtin)

- Le lion l'autruche et le renard :
- How the fox got his cunning (Kate-Marie Glover)

- Mertilou prépare l'été :
- The Blackbird's Secret (Kate-Marie Glover)

- *La fille aux 200 doudous et autres pièces de théâtre pour enfants (les 6 pièces)*
- La niña de los 200 peluches y otras obras de teatro para niños (María del Carmen Pulido Cortijo)

Table

Mentions légales

Tous droits de traduction, de reproduction, d'utilisation, d'interprétation et d'adaptation réservés pour tous pays, pour toutes planètes, pour tous univers.

Textes déposés à la sacem.

Site officiel : http://www.ecrivain.pro

Présentation des livres essentiels :
http://www.utopie.pro

Site officiel versant musique : http://www.chansons.org

68 chansons d'Amour - Textes de chansons **de Stéphane Ternoise**

Dépôt légal à la publication au format ebook du 9 janvier 2012 .

Imprimé par CreateSpace, An Amazon.com Company pour le compte de l'auteur-éditeur indépendant. **livrepapier.com**

ISBN 978-2-36541-473-9
EAN 9782365414739

www.ingramcontent.com/pod-product-compliance
Lightning Source LLC
Chambersburg PA
CBHW072006060426
42446CB00042B/1999